50 Q&A on
Management Reform of
Motor Vehicle Maintenance Industry

机动车维修行业管理改革50问

交通运输部公路科学研究院　编著

人民交通出版社股份有限公司
China Communications Press Co.,Ltd.

内 容 提 要

本书介绍了机动车维修行业管理改革相关政策要求，包括机动车维修经营者如何更好地履行维修经营主体责任、落实备案相关法律法规及标准要求，行业管理部门如何开展备案管理、备案服务和有关监督检查工作等内容。

本书可作为机动车维修经营者、道路运输管理机构、汽车生产企业售后维修服务等相关单位人员开展行业政策学习的辅助用书。

图书在版编目（CIP）数据

机动车维修行业管理改革 50 问 / 交通运输部公路科学研究院编著 . —北京：人民交通出版社股份有限公司，2019.9

ISBN 978 -7 -114 -14987 -0

Ⅰ. ①机… Ⅱ. ①交… Ⅲ. ①机动车—修理厂—经营管理—中国—问题解答 Ⅳ. ① F426.471.6 -44

中国版本图书馆 CIP 数据核字（2019）第 193757 号

Jidongche Weixiu Hangye Guanli Gaige 50 Wen

书　　名：机动车维修行业管理改革50问
著 作 者：交通运输部公路科学研究院
责任编辑：刘　博　何　亮
责任校对：张　贺　龙　雪
责任印制：张　凯
出版发行：人民交通出版社股份有限公司
地　　址：（100011）北京市朝阳区安定门外外馆斜街3号
网　　址：http://www.ccpress.com.cn
销售电话：（010）59757973
总 经 销：人民交通出版社股份有限公司发行部
经　　销：各地新华书店
印　　刷：中国电影出版社印刷厂
开　　本：787 × 980　1/32
印　　张：1.875
字　　数：20千
版　　次：2019年9月　第1版
印　　次：2019年9月　第1次印刷
书　　号：ISBN 978-7-114-14987-0
定　　价：16 .00元

编 写 组

主　编：刘富佳　许书权　陈潮洲

成　员：周　刚　邬果昉　张天昊
杨小娟　陈　英　田永生
陈章宇　罗　忠　徐彩琴
蔡宣灿　姚建亮　施溢源
杨庆利　范　炜　赵锦鹏
陈大成

前 言

机动车维修关系到道路交通安全，关系到大气污染防治，关系到社会公众生活质量，关系到汽车产业健康、可持续发展，是重要的民生服务行业。为深化机动车维修行业“放管服”改革，进一步激发和释放机动车维修市场活力，加快推进政府管理职能优化转变，2018 年 7 月，国务院发布《国务院关于取消一批行政许可等事项的决定》（国发〔2018〕28 号），取消了机动车维修经营许可，要求建立备案管理制度，加强机动车维修事中事后监管。2019 年 3 月，国务院公布了《国务院关于修改部分行政法规的决定》（国务院令第 709 号），修订了《中华人民共和国道路运输条例》，明确取消机动车维修经营许可，将审批改为备案。依据国务院“放管服”改革要求和《中华人民共和国道路运输条例》，交通运输部修改并重新公布了《机动车维修管理规定》(交通运输部令2019年第20号)，对取消机动车维修经营许可后如何做好机动车维修经营备案管理及加强事中事后监管做了具体规定。

为帮助机动车维修行业管理人员和机动车维修企业准确把握和理解机动车维修行业管理改革工作要求，交通运输部公路科学研究院编写了《机动车维修行业管理改革50问》。全书分六章，包括基本情况、经营备案、维修经营、质量管理、监督检查与法律责任、其他，通过问答形式，对机动车维修行业改革相关问题进行了梳理和解答，重点介绍了机动车维修许可改为备案后执行过程中涉及的备案操作、规范经营、监督检查和法律责任等内容。

本书在编写过程中，充分吸收了北京、江苏、贵州、四川、河南、江西、甘肃、安徽、黑龙江、陕西、辽宁、福建等省（直辖市）机动车维修行业主管部门的意见和建议，期间也得到了有关领导专家的大力支持和帮助，在此表示真诚感谢。

由于编者水平有限，书中难免有疏漏之处，敬请广大读者批评指正。

编写组

2019年8月

目录

基本情况

《机动车维修管理规定》修改背景是什么？

2018年7月28日，国务院发布《国务院关于取消一批行政许可等事项的决定》（国发〔2018〕28号），明确取消机动车维修经营许可，要求取消审批后，交通运输部要制定完善并公布维修业务标准，督促地方交通运输主管部门加强事中、事后监管。2018年8月21日，交通运输部印发了《交通运输部关于公布两项交通运输行政许可事项取消后事中、事后监管措施的公告》（2018第66号），研究制定了机动车维修经营许可取消后的事中、事后监管措施。2019年3月2日，国务院公布了《国务院关于修改部分行政法规的决定》（国务院令第709号），将作为《机动车维修管理规定》直接上位法的《中华人民共和国道路运输条例》（以下简称《道路运输条例》）中关于机动车维修经营许可的条款修改为备案制管理。

为贯彻落实国务院决定，深入推进机动车维修行业“放管服”改革，建立机动车维修经营备案制度，强化事中、事后监管，交通运输部修改并重新发布了《机动车维修管理规定》（交通运输部令2019年第20号）。

《机动车维修管理规定》修改原则是什么?

《机动车维修管理规定》在修改过程中遵循依法行政、简政放权、放管结合、优化服务、便民利民、公开透明的原则，以“放管服”改革精神为指导，力争通过修改《机动车维修管理规定》，进一步优化机动车维修领域营商环境，推进机动车维修行业转型升级和高质量发展，强化机动车维修经营者主体责任，提升机动车维修行业服务水平。

《机动车维修管理规定》修改思路是什么?

严格落实国发〔2018〕28号文件要求，将机动车维修经营许可改为备案，建立机动车维修备案制度。在《机动车维修管理规定》中体现以下四个方面的要求：一是建立健全机动车维修经营备案制度，及时公布相关信息；二是要求机动车维修企业严格按照标准开展维修业务，维修服务完成后应提供明细单，作为车主追责依据；三是加强对机动车维修行为的监管，对维修企业出现违法违规行为，依法予以处罚；四是建立“黑名单”制度，深入推进维修诚信体系建设。

严格按照新版《道路运输条例》规定，明确机动车维修经营业务标准，并修改部分法律责任条款。

新版《道路运输条例》在机动车维修经营业务方面的修改内容包括：

（1）删去原第三十七条中的“申请”。增加一款作为第二款。

第三十七条 ~~申请~~从事机动车维修经营的，应当具备下列条件：

（一）有相应的机动车维修场地；

（二）有必要的设备、设施和技术人员；

（三）有健全的机动车维修管理制度；

（四）有必要的环境保护措施。

国务院交通主管部门根据前款规定的条件，制定机动车维修经营业务标准。

（2）删去原第三十九条中的“机动车维修经营”和原“第三十七条”。增加一款，作为第二款。

第三十九条 申请从事道路运输站（场）经营~~、机动车维修经营~~和机动车驾驶员培训业务的，应当在依法向工商行政管理机关办理有关登记手续后，向所在地县级道路运输管理机构提出申请，并分别附送符合本条例第三十六条、~~第三十七条、~~第三十八条规定条件的相关材料。县级道路运输管理机构应当自受理申请之日起15日内审查完毕，作出许可或者不予许可的决定，并书面通知申请人。

从事机动车维修经营业务的，应当在依法向工商行政管理机关办理有关登记手续后，向所在地县级道路运输管理机构进行备案，并附送符合本条例第三十七条规定条件的相关材料。

（3）原第四十三条第二款修改为：机动车维修经营者应当公布机动车维修工时定额和收费标准，合理收取费用，维修服务完成后应当提供维修费用明细单。

第四十三条 机动车维修经营者应当按照国家有关技术规范对机动车进行维修，保证维修质量，不得使用假冒伪劣配件维修机动车。

机动车维修经营者应当公布机动车维修工时定额和收费标准，合理收取费用，维修服务完成后应当提供维修费用明细单。

（4）删去原第六十五条中的“机动车维修经营”。增加两款，作为第二款、第三款。

第六十五条 违反本条例的规定，未经许可擅自从事道路运输站（场）经营~~、机动车维修经营~~、机动车驾驶员培训的，由县级以上道路运输管理机构责令停止经营；有违法所得的，没收违法所得，处违法所得2倍以上10倍以下的罚款；没有违法所得或者违法所得不足1万元的，处2万元以上5万元以下的罚款；构成犯罪的，依法追究刑事责任。

从事机动车维修经营业务不符合国务院交通主管部门制定的机动车维修经营业务标准的，由县级以上道路运输管理机构责令改正；情节严重的，由县级以上道路运输管理机构责令停业整顿。

从事机动车维修经营业务，未按规定进行备案的，由县级以上道路运输管理机构责令改正；拒不改正的，处5000元以上2万元以下的罚款。

（5）原第七十二条、第七十三条中的“情节严重的，由原许可机关吊销其经营许可”修改为“情节严重的，由县级以上道路运输管理机构责令停业整顿”。

第七十二条 违反本条例的规定，机动车维修经营者使用假冒伪劣配件维修机动车，承修已报废的机动车或者擅自改装机动车的，由县级以上道路运输管理机构责令改正；有违法所得的，没收违法所得，处违法所得2倍以上10倍以下的罚款；没有违法所得或者违法所得不足1万元的，处2万元以上5万元以下的罚款，没收假冒伪劣配件及报废车辆；情节严重的，~~由原许可机关吊销其经营许可~~由县级以上道路运输管理机构责令停业整顿；构成犯罪的，依法追究刑事责任。

第七十三条 违反本条例的规定，机动车维修经营者签发虚假的机动车维修合格证，由县级以上道路运输管理机构责令改正；有违法所得的，没收违法所得，处违法所得 2 倍以上 10 倍以下的罚款；没有违法所得或者违法所得不足 3000 元的，处 5000 元以上 2 万元以下的罚款；情节严重的，~~由原许可机关吊销其经营许可~~由县级以上道路运输管理机构责令停业整顿；构成犯罪的，依法追究刑事责任。

（6）新增一条。

第七十六条 县级以上道路运输管理机构应当将道路运输及其相关业务经营者和从业人员的违法行为记入信用记录，并依照有关法律、行政法规的规定予以公示。

《机动车维修管理规定》修改主要内容有哪些？

（1）删除机动车维修经营许可的全部内容。删除了关于机动车维修经营许可条件、许可程序、申请手续、许可证件、许可监督处罚及相关事项的全部条款内容。

（2）建立机动车维修经营备案制度体系。明确了关于机动车维修经营备案的备案程序、备案材料、备案受理、备案变更、备案事中事后监督检查、备案不得收取费用、备案公布以及机动车维修经营业务标准等内容，形成了完整的维修经营备案体系和流程。

（3）深入推进维修行业诚信体系建设。明确建立“黑名单”制度，进一步完善机动车维修企业信用档案内容。

（4）强化事中、事后监管措施。明确道路运输管理机构实地监督检查事项及罚则措施。积极发挥汽车维修技术信息公开制度和汽车维修电子健康档案系统作用，发挥其对维修质量监督、相关投诉举报处理等方面的积极作用。

机动车维修经营许可与备案的主要区别是什么？

许可属于行政审批范畴。机动车维修经营者在申请道路运输经营许可证时，按规定提供符合机动车维修经营条件的相关材料。许可机关在做出许可审批前，应对经营者进行实地核查，经实地核查符合法定条件的，出具《交通行政许可决定书》。

备案是行政管理手段之一。机动车维修经营者在办理备案时，填写《机动车维修经营备案表》，并向备案机关提供符合机动车维修经营条件的相关材料，备案机关对材料完整性进行审查，对材料齐全且符合备案要求的应当予以备案，不进行事前实地核查。

原道路运输经营许可证在有效期内的企业是否需要备案？

（1）已获得道路运输经营许可证且仍在有效期内的机动车维修经营者，当前无须进行备案。道路运输经营许可证有效期到期后，应按照《机动车维修管理规定》要求，及时到所在地县级道路运输管理机构进行备案；

（2）在《机动车维修管理规定》发布实施之日前已备案的机动车维修经营者，应按照《机动车维修管理规定》要求完善备案信息；

（3）自《机动车维修管理规定》发布实施之日起，新开业的机动车维修经营者应按照《机动车维修管理规定》要求进行备案。

经营备案

备案制下，从事机动车维修经营是否有标准要求？

《道路运输条例》规定，“从事机动车维修经营的，应当具备下列条件：（一）有相应的机动车维修场地；（二）有必要的设备、设施和技术人员；（三）有健全的机动车维修管理制度；（四）有必要的环境保护措施。国务院交通主管部门根据前款规定的条件，制定机动车维修经营业务标准”。

因此，许可审批改为备案管理并未改变机动车维修经营的标准要求。具体经营业务标准按照《汽车维修业开业条件》（GB/T 16739）、《摩托车维修业开业条件》（GB/T 18189）等执行。

机动车维修经营者应在什么时候进行备案？

机动车维修经营者应当在依法向市场监督管理机构办理有关登记手续后，在开展对外经营前进行备案。

机动车维修经营者应向谁备案？

从事机动车维修经营的，应当向维修经营所在地的县级道路运输管理机构进行备案。

机动车维修备案经营项目包括哪些？

机动车维修备案实行分类备案管理，将机动车维修经营按照维修车型、服务能力和经营项目进行划分。维修经营者应参照《机动车维修管理规定》《汽车维修业开业条件》（GB/T 16739）和《摩托车维修业开业条件》（GB/T 18189）等，自行确定备案的经营范围。其中，汽车维修经营项目分类见表2-1。

汽车维修经营项目　　表 2-1

经营业务	一类（4 项）	二类（3 项）	三类（15 项）
经营项目	大中型客车维修，大中型货车维修，小型车辆维修，危险品运输车辆维修	大中型客车维修，大中型货车维修，小型车辆维修	综合小修、发动机维修、车身维修、电气系统维修、自动变速器维修、轮胎修补及动平衡、四轮定位检测调整、汽车润滑与维护、曲轴修磨、汽缸镗磨、散热器维修、喷油泵和喷油器维修、空调维修、汽车美容装潢、汽车玻璃安装及修复

其他机动车维修经营分为一类、二类、三类经营业务。摩托车维修经营分为一类、二类经营业务。

机动车维修备案流程是什么？

（1）机动车维修经营者填写《机动车维修经营备案表》，准备备案材料。

（2）机动车维修经营者向所在地县级道路运输管理机构附送备案材料，也可通过互联网道路运输便民政务服务等信息化系统进行备案。网上业务办理与办事大厅窗口办理效力等同，鼓励通过网上办理业务。

（3）道路运输管理机构收到备案材料后，对材料齐全且符合备案要求的，应当予以备案，并编号归档；对材料不全或者不符合备案要求的，应当场或者自收到备案材料之日起5日内一次性书面通知备案人需要补充的全部内容。

（4）道路运输管理机构及时向社会公布已备案机动车维修经营者名单。

备案编号建议按照机动车维修经营者“所在地县级行政区划代码+五位数顺序号”的规则进行编制，具体由各地结合实际自行确定。

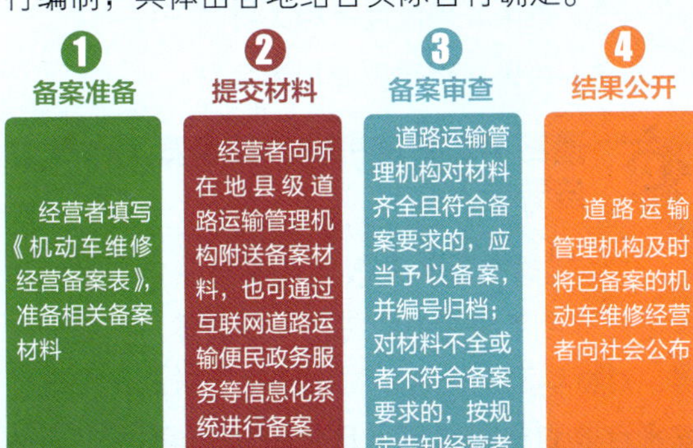

机动车维修经营者在备案时应提交哪些材料？

（1）《机动车维修经营备案表》；

（2）机动车维修经营申请者的营业执照复印件；

（3）经营场地（含生产厂房和业务接待室）、停车场面积材料，土地使用权及产权证明，租赁合同等相关材料；

（4）技术人员汇总表，以及各相关人员的学历、技术职称或职业资格证明等相关材料；

（5）维修设备设施汇总表，维修检测设备及计量设备检定合格证明等相关材料；

（6）维修管理制度等相关材料；

（7）环境保护措施等相关材料。

道路运输管理机构办理备案工作有哪些要求？

道路运输管理机构收到备案材料后，对材料齐全且符合备案要求的应当予以备案，并编号归档；对材料不全或者不符合备案要求的，应当场或者自收到备案材料之日起5日内一次性书面通知备案人需要补充的全部内容。

道路运输管理机构应严格按照《道路运输条例》和《机动车维修管理规定》要求实施备案管理，不得设置备案前置条件，严禁通过变相许可实施备案，严禁向机动车维修经营者收取备案相关费用，严禁要求机动车维修经营者提供《机动车维修管理规定》要求以外的其他备案材料。

机动车维修从业人员有什么条件要求？

从业人员应符合《机动车维修管理规定》（交通运输部令2019年第20号）和《道路运输从业人员管理规定》（交通运输部令2019年第18号）的要求（表2-2），具体包括以下内容。

（1）《机动车维修管理规定》第十二条规定了从事汽车维修经营业务或者其他机动车维修经营业务的技术负责人员、质量检验人员以及机修、电器、钣金和涂漆维修技术人员应符合以下条件要求：

①技术负责人员应当熟悉汽车或者其他机动车维修业务，并掌握汽车或者其他机动车维修及相关政策法规和技术规范。

人员条件要求　　表 2-2

规章	车型	技术负责人	质量检验人员	四大工种人员
交通运输部令 2019 年第 20 号	汽车及其他机动车	1. 熟悉维修业务； 2. 掌握相关政策法规和技术规范	1. 熟悉维修检测作业规范； 2. 掌握维修故障诊断和质量检验的相关技术； 3. 熟悉维修服务收费标准及相关政策法规和技术规范； **4. 持有与承修车型种类相适应的机动车驾驶证**	1. 熟悉所从事工种的维修技术和操作规范； 2. 了解相关政策法规
	摩托车	—	1. 熟悉维修检测作业规范； 2. 掌握维修故障诊断和质量检验的相关技术； 3. 熟悉维修服务收费标准及相关政策法规和技术规范	

续上表

规章	车型	技术负责人	质量检验人员	四大工种人员
交通运输部令2019年第18号	机动车	**1. 具有相关专业大专以上学历或相关专业中级以上专业技术职称；** 2. 熟悉维修业务； 3. 掌握相关政策法规和技术规范	**1. 具有高中以上学历；** 2. 熟悉维修检测作业规范； 3. 掌握维修故障诊断和质量检验的相关技术； 4. 熟悉维修服务收费标准及相关政策法规和技术规范	**1. 初中以上学历；** 2. 熟悉所从事工种的维修技术和操作规范； 3. 了解相关政策法规； **4. 车辆技术评估（含检测）人员也应满足上述三条要求**

②质量检验人员应当熟悉各类汽车或者其他机动车维修检测作业规范，掌握汽车或者其他机动车维修故障诊断和质量检验的相关技术，熟悉汽车或者其他机动车维修服务收费标准及相关政策法规和技术规范，并持有与承修车型种类相适应的机动车驾驶证。

③从事机修、电器、钣金、涂漆的维修技术人员应当熟悉所从事工种的维修技术和操作规范，并了解汽车或者其他机动车维修及相关政策法规。

（2）《机动车维修管理规定》第十四条规定了从事摩托车维修经营质量检验人员以及四大工种维修技术人员的条件要求：

①质量检验人员应当熟悉各类摩托车维修检测作业规范，掌握摩托车维修故障诊断和质量检验的相关技术，熟悉摩托车维修服务收费标准及相关政策法规和技术规范。

②机修、电器、钣金、涂漆的维修技术人员应当熟悉所从事工种的维修技术和操作规范，并了解摩托车维修及相关政策法规。

（3）《道路运输从业人员管理规定》第十三条规定了机动车维修技术人员应当符合下列条件：

①技术负责人员。一是具有机动车维修或者相关专业大专以上学历，或者具有机动车维修或相关专业中级以上专业技术职称；二是熟悉机动车维修业务，掌握机动车维修及相关政策法规和技术规范。

②质量检验人员。一是具有高中以上学历；

二是熟悉机动车维修检测作业规范，掌握机动车维修故障诊断和质量检验的相关技术，熟悉机动车维修服务收费标准及相关政策法规和技术规范。

③从事机修、电器、钣金、涂漆、车辆技术评估（含检测）作业的技术人员。一是具有初中以上学历；二是熟悉所从事工种的维修技术和操作规范，并了解机动车维修及相关政策法规。

技术人员备案材料包括哪些？

（1）技术人员汇总表（表2-3）信息包括：技术人员姓名、身份证号码、文化程度、岗位工种、技术职称或者职业资格等级等内容。

技术人员汇总表 表 2-3

序号	姓名	身份证号	文化程度	所学专业	岗位或工种	技术职称或职业技术等级
1						
2						
3						
4						
…						

（2）证明材料包括：身份证明、学历证

明、技术职称或职业资格证明等材料。

维修设备备案材料包括哪些?

（1）设备汇总表信息（表2-4）包括：设备名称、设备型号规格、设备生产厂家、设备数量（台/套）、设备配备方式（自有或外协）。

设备汇总表 表2-4

序号	设备名称	型号规格	生产厂家	数量（台/套）	配备方式
1					□自有□外协
2					□自有□外协
3					□自有□外协
4					□自有□外协
…					□自有□外协

（2）证明材料包括：设备检定（或校准）证书，允许外协的设备应具有合法的外协合同书。

维修管理制度备案材料包括哪些?

维修管理制度包括质量管理制度、安全生产

管理制度、车辆（摩托车）维修档案管理制度、人员培训制度、设备管理制度、配件管理制度等《汽车维修业开业条件》（GB/T 16739）或《摩托车维修业开业条件》（GB/T 18189）规定的相关制度。

环境保护措施备案材料包括哪些?

符合《汽车维修业开业条件》（GB/T 16739）或《摩托车维修业开业条件》（GB/T 18189）中规定的环境保护要求的环保措施材料。

根据《建设项目环境影响评价分类管理名录》（生态环境部令2018年第1号）规定，汽车、摩托车维修场所涉及环境敏感区的或有喷涂工艺的，应编制“环境影响报告表”，其他填报“环境影响登记表”，经营者已完成环境影响报告表审批或已完成环境影响登记备案的证明材料可作为环境保护措施备案材料。

危险货物运输车辆维修经营有哪些额外要求?

从事危险货物运输车辆维修的汽车维修经营

者，除具备汽车维修经营一类维修经营业务的条件外，还应当具备下列条件：

（1）有与其作业内容相适应的专用维修车间和设备、设施，并设置明显的指示性标志；

（2）有完善的突发事件应急预案，应急预案包括报告程序、应急指挥以及处置措施等内容；

（3）有相应的安全管理人员；

（4）有齐全的安全操作规程。

危险货物运输车辆维修经营备案应提交哪些材料？

除提交常规汽车维修经营规定的备案材料外，还应提交以下材料：

（1）与其作业内容相适应的专用维修车间和设备、设施等相关材料；

（2）突发事件应急预案；

（3）安全管理人员汇总表；

（4）安全操作规程材料。

危险货物运输车辆维修是否包含罐体维修？

《机动车维修管理规定》所称危险货物运输

车辆维修，是指对运输易燃、易爆、腐蚀、放射性、剧毒等性质货物的机动车维修，不包含对危险货物运输车辆罐体的维修。

机动车维修连锁服务网点如何备案？

机动车维修连锁分为直营连锁和加盟连锁。为鼓励机动车维修行业连锁发展，当机动车维修连锁经营企业总部完成备案后，其连锁服务网点可由机动车维修连锁经营企业总部向连锁经营服务网点所在地县级道路运输管理机构进行备案。

机动车维修连锁服务网点备案应提交哪些材料？

（1）《机动车维修经营备案表》（填写服务网点的经营者名称、经营地址、企业法定代表人、统一社会信用代码、主要负责人、企业性质、经营类型、经营范围、其他备案材料中的特殊要求），无须提交《机动车维修经营备案表》中1~6项通用要求的备案材料；

（2）连锁经营协议书副本；

（3）连锁经营的作业标准和管理手册；

（4）连锁经营服务网点符合机动车维修经营相应条件承诺书。

如何通过互联网办理备案（变更）？

根据《互联网道路运输便民政务服务系统业务办理工作指南（试行）》要求，企业可通过互联网道路运输便民政务服务系统进行网上备案（变更）和注销业务。企业应先在系统中注册成为法人（经营者）用户后方可办理相关业务，在注册时，需提交单位名称、统一社会信用代码、法定代表人姓名、身份证件号码、手机号码等信息。

对于首次办理备案（或变更）的，应在线填报《机动车维修经营备案登记表》，并提交经营场地、停车场面积、技术人员汇总表、维修设备设施清单信息，以及营业执照、土地使用权及产权、各相关人员学历技术职称或职业资格、维修检测设备及计量检定合格、环境保护措施等相关材料扫描件。

对于申请办理危货运输车辆维修经营备案

（变更）的，还需提交与其作业内容相适应的专用维修车间和设备设施、突发事件应急预案、安全管理人员汇总表、安全操作规程等信息扫描件。

对于申请办理连锁经营服务网点备案（变更）的，需在线填报《机动车维修经营备案登记表》，并提交连锁经营协议书副本、连锁经营的作业标准和管理手册、符合机动车维修经营相应条件的承诺书等扫描件。

对于申请办理机动车维修经营备案注销业务的，需提交备案编号信息、营业执照扫描件等。

机动车维修经营者备案名单由谁公布？

县级道路运输管理机构应当向社会公布辖区内已备案的机动车维修经营者名单并及时更新。

机动车维修经营者如何获取已备案信息？

机动车维修经营者完成备案后，备案机关不发放备案证明或回执。

机动车维修经营者可通过查询道路运输管理

机构公布的名单获取已备案信息，也可向备案机关申请复印或下载打印《机动车维修经营备案表》。

机动车维修经营者在哪些情况下应进行备案变更?

机动车维修经营者名称、法定代表人、经营范围、经营地址等备案事项发生变化的，应当向原办理备案的道路运输管理机构办理备案变更，具体分为两类。

（1）对经营地址、经营范围发生变化的，应依据《机动车维修管理规定》第十五条办理备案手续；

（2）对经营者名称、法定代表人等发生变化的，只需向原备案机关重新提交《机动车维修经营备案表》及营业执照复印件即可。

机动车维修经营者终止经营是否应告知备案机关?

机动车维修经营者应将终止经营信息提前30日告知原备案机关，也可通过互联网政务服务系统办理注销。

维修经营

机动车维修经营工时定额确定依据是什么?

机动车维修工时定额可按各省（自治区、直辖市）机动车维修协会等行业中介组织统一制定的标准执行，也可按机动车维修经营者报所在地道路运输管理机构备案后的标准执行，也可按机动车生产厂家公布的标准执行。当上述标准不一致时，优先适用机动车维修经营者备案的标准。

机动车维修经营者应当将其执行的机动车维修工时单价标准报所在地道路运输管理机构备案。

如何获取汽车生产企业公开的维修技术资料?

按照《汽车维修技术信息公开实施管理办法》（交运发〔2015〕146号）要求，汽车生产企业可通过自建或者委托第三方进行依法公开。为了方便信息用户查询、使用汽车维修技术信息，交通运输部公路科学研究院汽车维修技术信息公开中心建立了“全国汽车维修技术信息公开服务网（*http://carti.rioh.cn*）”，将各汽车生产企业的公开网址进行汇总，机动车维修经营者可根据该网站链接查询汽车维修技术资料（图3-1）。

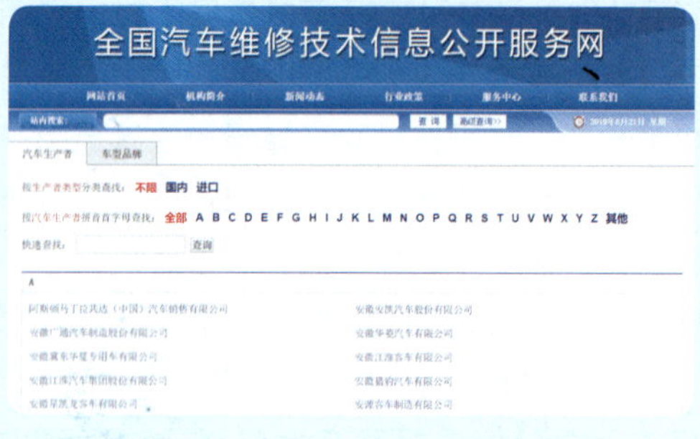

图 3-1　汽车维修技术资料查询网页

国家对汽车维修技术信息公开有何规定？

为了促进维修市场公平竞争，保障汽车维修质量和运行安全，保护消费者使用、维修汽车的合法权益，2015年9月，交通运输部联合8部委发布了《汽车维修技术信息公开实施管理办法》（交运发〔2015〕146号，以下简称《办法》），要求汽车生产者应以可用的信息形式、便利的信息途径、合理的信息价格，向所有维修经营者及消费者无差别、无歧视、无延迟地公开所销售汽车车型的维修技术信息。

《中华人民共和国大气污染防治法》要求机动车生产、进口企业应当向社会公布其生产、进口机动车车型的排放检验信息、污染控制技术信息和有关维修技术信息。

各级交通运输主管部门及有关行政部门应依法受理涉及汽车维修技术信息公开或滥用的有关投诉、举报，并按规定程序调查、处理。汽车生产者、各类信息用户等相关方应当积极配合调查，如实反映情况，提供调查所需要的有关资料。

汽车生产企业公开的维修技术信息包含哪些内容？

（1）车辆识别代号（VIN）的编码规则以及车辆识别代号中汽车生产者自定义码段的编码规

则（可以不包括VIN后6位的生产顺序号），或其他有效将具体车辆与所属车型进行关联、识别的方法。

（2）汽车维修手册，应包括但不限于以下系统和部件的信息：动力总成及排放控制系统、底盘系统、电气系统、车身及附件。

（3）零部件目录，包括汽车生产者提供的用于售后服务的原厂零部件的名称、商标和编号，零部件变更、升级、换代信息，以及为方便确定具体车型车款所适用零部件必需的信息。

（4）适用具体车型电子控制系统的软、硬件版本识别号（不包含软件本身）。

（5）除《办法》规定可以免于公开的内容外，对车辆电子控制系统需要重新编程的信息（即需要进行重新编程的认定条件及基本操作，但不包含程序软件本身内容）。

（6）专用诊断、检测、维修工具和设备及其相关软件信息（如型号、规格、软件版本等），及其相关购买渠道信息。

（7）车辆认证信息，主要是CCC认证证书信息，如车型型号、规格和参数以及零部件供应商信息。

（8）技术服务通告，包括由实践经验得到的，针对某类故障，通常影响某一车型或车辆批次问题的解决方案，以及在授权维修网络内可进行免费维修的通告等。

（9）汽车召回信息和缺陷消除措施等。

具体信息内容见《汽车维修技术信息公开实施管理办法》附件《汽车维修技术信息公开目录（2015年版）》。

机动车维修结算清单有何要求?

机动车维修结算清单应符合《机动车维修费用结算清单》（JT/T 1133）要求（图3-2），结算清单中应明确“托修方信息、承修方信息和维修费用明细单”等内容。

机动车维修费用结算清单									
						结算清单编号：			
机动车所有人			送修人			联系电话			
品牌型号			车牌号码			发动机号			
车辆识别代码(VIN)						车辆类型			
维修企业名称						维修企业联系人			
维修企业地址						维修企业联系电话			
维修企业统一社会信用代码或组织机构代码									
送修日期			出厂日期			维修类别			
送修里程				出厂里程					
故障描述									
工时费用	序号	维修项目			工时(人·时)	工时单价[元/(人·时)]		工时费用(元)	
	1								
	…								
						小计(元)：			
材料费用	序号	材料名称	配件编码	品牌	数量	单价(元)	金额(元)	配件属性	是否为托修方自备配件
	1								
	…								
					小计(元)：				
其他费用	序号	项目						金额(元)	
	1								
	…								
						小计(元)：			
总费用：									
旧件处理结果：		□旧件已确认，由托修方收回				□旧件已确认，由承修方收回			

图 3-2　JT/T 1133 规定的结算清单格式

机动车维修连锁经营企业总部有哪些要求？

机动车维修连锁经营企业总部应当按照统一采购、统一配送、统一标识、统一经营方针、统一服务规范和价格的要求，建立连锁经营的作业标准和管理手册，加强对连锁经营服务网点经营行为的监管和约束，杜绝不规范的商业行为。

质量管理

《机动车维修管理规定》对排放性能维修有哪些要求?

依据《中华人民共和国大气污染防治法》，机动车维修经营者在进行排放性能维修时，不得通过临时更换机动车污染控制装置、破坏机动车车载排放诊断系统等维修作业，使机动车通过排放检验。

《机动车维修管理规定》对维修配件的管理有哪些要求?

（1）不得使用假冒伪劣配件维修机动车。

（2）实行机动车维修配件追溯制度。记录配件采购、使用信息，查验产品合格证等相关证明，并按规定留存配件来源凭证。

（3）机动车维修经营者应当将原厂配件、同质配件和修复配件分别标识，明码标价，供用户选择。

哪些情况必须执行“三检”制度？

机动车维修经营者对机动车进行二级维护、总成修理、整车修理的，应当实行维修前诊断检验、维修过程检验和竣工质量检验制度，并填写进厂检验单、过程检验单和竣工检验单，对于维修竣工质量检验合格的，由维修质量检验人员签发《机动车维修竣工出厂合格证》（图4-1）。

图 4-1　机动车维修竣工出厂合格证

《机动车维修管理规定》对机动车维修档案有哪些要求?

经营者应建立机动车维修档案，并实行档案的电子化管理。档案的内容应当包括：维修合同（托修单）、维修项目、维修人员及维修结算清单等。对机动车进行二级维护、总成修理、整车修理的，维修档案还应当包括：质量检验单（包括进厂检验单、过程检验单和竣工检验单）、质量检验人员、竣工出厂合格证（副本）等。

汽车维修电子健康档案应上传的数据包括哪些?

机动车维修经营者应按要求如实填报、及时将维修电子数据记录上传至全国汽车维修电子健康档案系统。汽车维修企业上传的汽车维修电子记录应包括维修企业名称、车辆识别代码、车牌号码、送修日期、送修里程、结算日期、结算清单编号、故障描述、维修项目、维修工时、配件名称、配件编码和配件数量等13个数据元。具体要求按照《汽车维修电子健康档案系统　第2部分：数据采集技术要求》（JT/T 1132.2）执行。

如何深化汽车维修电子健康档案系统应用？

一是各级交通运输管理部门要督促机动车维修经营者应当如实填报、及时将维修电子数据记录上传至全国汽车维修电子健康档案系统，全面推进一、二、三类机动车维修经营者做好维修电子数据记录上传工作，加强车主端使用宣传，营造公平竞争、健康有序的维修市场氛围；二是发挥汽车维修电子健康档案系统等信息化手段的作用，向社会公布辖区内许可仍在有效期和已备案的机动车维修经营者名单并及时更新。

机动车维修行业信用档案包括哪些方面？

（1）从业人员信用档案。

（2）机动车维修企业信用档案。机动车维修经营者的维修质量信誉考核情况、汽车维修电子健康档案系统数据记录上传情况以及车主的评价投诉情况是机动车维修企业信用档案的重要组成部分。

质保期内返修如何处理?

在质量保证期和承诺的质量保证期内，因维修质量原因造成机动车无法正常使用，且承修方在3日内不能或者无法提供因非维修原因而造成机动车无法使用的相关证据的，机动车维修经营者应当及时无偿返修，不得故意拖延或者无理拒绝。

在质量保证期内，机动车因同一故障或维修项目经两次修理仍不能正常使用的，机动车维修经营者应当负责联系其他机动车维修经营者，并承担相应修理费用。

《机动车维修管理规定》规定的质量保证期见表4-1。

机动车维修质量保证期　　表 4-1

车辆类型	整车修理或总成修理	二级维护	（一级）维护、小修及专项修理
汽车和危险货物运输车辆	20000 公里 / 100 日	5000 公里 / 30 日	2000 公里 /10 日
摩托车	7000 公里 / 80 日	—	800 公里 /10 日
其他机动车	6000 公里 / 60 日	—	700 公里 /7 日

如何处理维修质量纠纷？

道路运输管理机构应当受理机动车维修质量投诉，积极按照维修合同约定和相关规定调解维修质量纠纷。

机动车维修质量纠纷双方当事人均有保护当事车辆原始状态的义务。必要时可拆检车辆有关部位，但双方当事人应同时在场，共同认可拆检情况。

对机动车维修质量的责任认定需要进行技术分析和鉴定，且承修方和托修方共同要求道路运输管理机构出面协调的，道路运输管理机构应当组织专家组或委托具有法定检测资格的检测机构作出技术分析和鉴定。鉴定费用由责任方承担。

监督检查与法律责任

未备案从事机动车维修经营的企业应如何处理?

道路运输管理机构应对维修经营者是否依法备案进行监督检查。对于从事机动车维修经营业务,未按规定进行备案的,由县级以上道路运输管理机构责令改正;拒不改正的,处5000元以上2万元以下的罚款。

已备案但不符合机动车维修经营业务标准的应如何处理?

道路运输管理机构应对维修经营者备案事项是否属实进行监督检查。对于不符合机动车维修经营业务标准的,由县级以上道路运输管理机构责令改正;情节严重的,由县级以上道路运输管理机构责令停业整顿。

实际经营项目与备案经营范围不符的应如何处罚？

由县级以上道路运输管理机构责令改正；情节严重的，由县级以上道路运输管理机构责令停业整顿。

《机动车维修管理规定》对经营者违法行为的罚则有哪些变化？

（1）修改了对使用假冒伪劣配件维修机动车、承修已报废机动车或者擅自改装机动车等违法行为有关没收假冒伪劣配件及报废车辆的罚则。将原来的“由县级以上道路运输管理机构责令改正，并没收假冒伪劣配件及报废车辆”修改为“由县级以上道路运输管理机构责令改正”。

（2）修改了对使用假冒伪劣配件、承修已报废机动车或者擅自改装机动车以及签发虚假机动车维修竣工出厂合格证等方面情节严重的罚则要求。将原来的“由许可机关吊销其经营许可”修改为“由县级以上道路运输管理机构责令停业整顿”。

（3）删除了不签发机动车维修竣工出厂合

格证的有关罚则要求，与《道路运输条例》保持一致。

对排放性能维修弄虚作假的如何处罚？

依据《中华人民共和国大气污染防治法》第一百一十二条第三款规定，“以临时更换机动车污染控制装置等弄虚作假的方式通过机动车排放检验或者破坏机动车车载排放诊断系统的，由县级以上人民政府生态环境主管部门责令改正，对机动车所有人处五千元的罚款；对机动车维修单位处每辆机动车五千元的罚款”。

道路运输管理机构对于维修经营者的哪些行为应予以通报？

有下列行为之一的，由县级以上道路运输管理机构责令其限期整改；限期整改不合格的，予以通报：

（1）机动车维修经营者未按照规定执行机动车维修质量保证期制度的；

（2）机动车维修经营者未按照有关技术规范进行维修作业的；

（3）伪造、转借、倒卖机动车维修竣工出厂合格证的；

（4）机动车维修经营者只收费不维修或者虚列维修作业项目的；

（5）机动车维修经营者未在经营场所醒目位置悬挂机动车维修标志牌的；

（6）机动车维修经营者未在经营场所公布收费项目、工时定额和工时单价的；

（7）机动车维修经营者超出公布的结算工时定额、结算工时单价向托修方收费的；

（8）机动车维修经营者未按规定建立机动车维修档案并实行档案电子化管理，或者未及时上传维修电子数据记录至国家有关汽车维修电子健康档案系统的。

县级以上道路运输管理机构通过广播、电视、报纸等媒体和互联网信息平台向社会通报，并加强通报结果应用。

其　他

机动车维修经营者应知晓哪些机动车维修法律法规及标准？

按照新版《道路运输条例》，维修经营者应满足四个方面的条件要求，具体要求体现在《汽车维修业开业条件》（GB/T 16739）、《摩托车维修业开业条件》（GB/T 18189）等相关标准中。维修经营者应知晓的相关法规标准主要包括：

（1）《中华人民共和国大气污染防治法》；

（2）《中华人民共和国道路运输条例》；

（3）《机动车维修管理规定》；

（4）《道路运输从业人员管理规定》；

（5）《汽车维修技术信息公开实施管理办法》；

（6）《汽车维修业开业条件　第1部分：汽

车整车维修企业》（GB/T 16739.1），《汽车维修业开业条件 第2部分：汽车综合小修及专项维修业户》（GB/T 16739.2）；

（7）《摩托车维修业开业条件》（GB/T 18189）；

（8）《汽车维修术语》（GB/T 5624）；

（9）《机动车维修服务规范》（JT/T 816）；

（10）《机动车维修费用结算清单》（JT/T 1133）；

（11）《汽车维护、检测、诊断技术规范》（GB/T 18344）；

（12）《公共汽车维护技术规范》（GB/T 35260）；

（13）《液化石油气汽车维护技术规范》（GB/T 27876）；

（14）《压缩天然气汽车维护技术规范》（GB/T 27877）；

（15）《混合动力电动汽车维护技术规范》（JT/T 1029）；

（16）《汽车大修竣工出厂技术条件 第1

部分：载客汽车》（GB/T 3798.1）；

（17）《汽车大修竣工出厂技术条件　第2部分：载货汽车》（GB/T 3798.2）；

（18）《商用汽车发动机大修竣工出厂技术条件　第1部分：汽油发动机》（GB/T 3799.1）；

（19）《商用汽车发动机大修竣工出厂技术条件　第2部分：柴油发动机》（GB/T 3799.2）；

（20）《大客车车身修理技术条件》（GB/T 5336）；

（21）《事故汽车修复技术规范》（JT/T 795）。